ADRESSES

DES DÉPUTÉS DE LA COMMUNE

DE St. MALO, [1]

A L'ASSEMBLÉE NATIONALE

ET AU ROI,

A l'occasion d'une révolte de Noirs, à Saint-Domingue.

---

(1) Les députés, porteurs de ces adresses, sont MM. Fournier de Varenne, Meslé de Grandclos, Harrington, Guillemaut, Tréhouart de Beaulieu, Ethéart, Murat, Lefer et Moreau de Saint-Méry.

A PARIS.

De l'imprimerie d'Urbain Domergue, rue de Condé, N°. I.

A L'ASSEMBLÉE

NATIONALE.

Le premier décembre 1791.

MESSIEURS,

Les commissaires de l'assemblée générale de la partie françoise de Saint-Domingue vous ont présenté le tableau des malheurs épouvantables de la plus riche partie de l'empire françois. Cette superbe Colonie a été et est encore sur le bord du précipice. Le volcan qui en a ravagé la plus belle portion, paroît avoir ralenti, un instant, ses fureurs ; mais la cause qui l'alluma est toujours existante. La France connoît, et nomme les monstres qui se sont parés des dehors de la bienfaisante humanité , et ont emprunté son langage affectueux, pour allumer les flambeaux des furies , et répandre sur toute la face de la terre des principes destructeurs de toutes les bases de la société.

Jouissez, philantropes hypocrites, jouissez de vos succès ! ils sont dignes de vous. La partie du nord de Saint-Domingue n'est plus qu'un tas de cendres, teint du sang des blancs et des noirs. Le nègre a été cruel et stupide, comme le tigre des forêts de l'Afrique ; il s'est soustrait au pouvoir de ses maîtres , mais c'est pour établir le despotisme le plus absolu , le despotisme des chefs des hordes de la côte de Guinée. Chaque paroisse de la partie du nord a eu son despote, et ce despote, sans raison , sans morale , n'ayant pour guide qu'une volonté brutale et corrompue, s'est livré à tous les excès de la férocité.

Quoique les Colons aient déployé , dans les combats qu'ils ont soutenus contre les nègres , cette supériorité que donne à des hommes civilisés la réunion des lumières , du courage et des forces , ce ne sont pas cependant leurs mains qui ont fait couler le plus de sang Africain ; c'est par celles de leurs chefs qu'il a été versé.

Si les nègres avoient réussi dans leur

entreprise, si les vœux de leurs amis avoient été exaucés, Saint-Domingue eût bientôt offert le même tableau que l'Afrique ; nous aurions vu les repas sanglants des antropophages , à moins que la traite des noirs n'eût soustrait les malheureuses victimes aux fureurs de leurs semblables.

L'assemblée nationale constituante , Messieurs, avoit mis les Colons et leurs propriétés sous la protection spéciale de la nation ; ce bouclier sacré ne les a pas garantis ; et aujourd'hui qu'ils viennent se jeter dans le sein de leur mère-patrie , pour lui demander des consolations et des secours, la calomnie les précède et les suit : leurs cruels ennemis veulent leur ôter la dernière des consolations des malheureux, la pitié. Ce n'est pas ainsi que la ville de St. Malo a accueilli ces Colons infortunés. Cette ville, Messieurs , qui peut se vanter, au milieu de vous , des services que nos pères ont rendus à la patrie, de son attachement à une constitution libre, et de l'ordre qui a toujours régné dans ses murs , cette ville « a arrêté qu'une députation de dix de ses citoyens se réuniroit , au nom de la commune entière, aux commissaires de la partie françoise de Saint-Domingue, pour solliciter de l'assemblée nationale et du roi, suivant les lois constitutionelles du royaume, l'envoi dans la Colonie de tout ce qui peut être propre à éteindre la révolte, à soulager les Colons, à produire le rétablissement de la culture, enfin à ramener la paix, la tranquillité et l'abondance dans cette île précieuse. »

Les citoyens de Saint-Malo n'ont point été séduits par les paradoxes d'une fausse philantropie, ni par les abstractions d'une théorie, sans cesse en contradiction avec l'état des choses. Ils ont parcouru le globe, ils ont vu l'homme sous toutes les faces et sous tous les rapports; ils ont vu que l'Afrique, sauvage et esclave en même temps, est assujétie au despotisme de la stupidité et de la fureur; ils ont vu dans les habitans des Colonies des hommes doués d'un grand courage et d'une activité féconde. Partout ils ont vu que l'administration des ateliers étoit guidée ou par les principes de l'humanité, ou au moins par l'intérêt personnel bien entendu; s'ils ont vu quelques exceptions, elles sont rares ; ils en ont gémi , et ils ont invoqué la réforme des abus.

L'intérêt du commerce s'est aussi fait entendre , et cet intérêt est celui de toute la nation. Six millions de françois n'existent que par les Colonies ; si elles périssent , comme on a osé en former le vœu dans l'assemblée nationale (1) , c'en est fait de la France. L'affreuse banqueroute se montre avec toutes ses horreurs ; notre amour pour la constitution ne pourra la sauver , elle sera noyée dans notre sang , inutilement versé pour elle ; nos provinces dévastées offriront les mêmes scènes d'horreur que la partie du nord de Saint-Domingue ; le commerce avec ses capitaux fuira une terre inhospitalière ; le manufacturier portera son industrie chez les nations étrangères ; le cultivateur abandonnera le champ de ses pères ; la nation, après d'affreuses convulsions , périssant

(1) En cet endroit, qui rappelle l'expression PÉRISSENT LES COLONIES ! de M. Roberspierre, membre de l'assemblée constituante, l'orateur a été rappelé à l'ordre , en vertu d'un décret, pour avoir manqué de respect à l'assemblée.

dans les angoisses d'une longue agonie ; éprouvera toutes les horreurs qui accompagnent la dissolution des sociétés et la mort politique des états.

Vous écarterez, Messieurs, les malheurs qui nous menacent. Législateurs des François, vous fermerez les plaies qu'une secte sacrilège a faites à la patrie, et vous préviendrez les attentats qu'elle médite encore.

Le premier besoin de la Colonie de Saint-Domingue est la paix. Il faut, pour l'y établir, une force publique, suffisante pour réduire, et ensuite pour contenir les révoltés.

Les Colons ont fait des pertes immenses ; toutes leurs usines, tous leurs moyens de culture sont détruits ; l'habitant manque de ressources, si la patrie ne vient pas à son secours, sa ruine absolue est inévitable, et elle entraînera celle du commerce et des manufactures ; toutes les parties de l'empire en seront affectées.

Les malheurs de la Colonie de Saint-Domingue et leur cause vous sont connus. Votre sagesse, Messieurs, vous indiquera les moyens de les réparer ; notre devoir sera d'y concourir de toutes nos forces.

RÉPONSE

DE M. LE PRÉSIDENT.

MESSIEURS,

L'assemblée nationale a entendu avec le plus douloureux intérêt le récit des malheurs qui ont désolé les Colonies. Quelle que soit la distance immense qui les sépare de nous, la nation n'en aura pas moins du zèle pour les secourir, du courage pour les défendre, et des regards perçans pour découvrir la source de leurs maux. L'assemblée vous invite à assister à sa séance.

AU ROI.

Le 2 décembre 1791.

SIRE,

Père des François, et chef suprême de la force publique, nous venons, au nom des citoyens de la ville de Saint-Malo, invoquer votre amour et votre protection, en faveur de la plus belle Colonie de l'univers.

Les malheurs de Saint-Domingue sont connus de VOTRE MAJESTÉ; votre ame sensible et grande en a été douloureusement affectée, et votre sagesse a déja pourvu aux moyens de rétablir, et de maintenir l'ordre dans cette île infortunée.

Le sort de la nation entière, SIRE, est lié à celui des Colonies; si elles périssent, si le vœu des amis des noirs est exaucé, si leurs affreux complots s'exécutent, la France est perdue, le meilleur des rois aura la douleur de régner sur le plus malheureux des peuples.

Les plus grands ennemis des Colonies, SIRE, ne sont pas les nègres révoltés; ce sont ces hommes profondément pervers qui ont égaré leur esprit, et aiguisé leurs poignards; ce sont ceux qui leur ont persuadé, qu'en égorgeant leurs patrons, ils étoient les exécuteurs des volontés de VOTRE MAJESTÉ, du plus sensible et du plus aimant des rois.

L'existence des Colonies, SIRE, est incompatible avec celle de la société des amis des noirs. Ce n'est point la liberté et le bonheur des Africains que ces sectaires ont en vue; c'est la destruction de leurs concitoyens, c'est la subversion de la France, de la monarchie, de la constitution, c'est la désorganisation de tout l'ordre social; c'est le bouleversement de l'univers. Semblables aux mauvais génies, ils

ne peuvent être heureux que du mal-
heur général et de la douleur universelle.

L'opinion, SIRE, commence à s'élever
contre cette secte anti-sociale, née chez
une nation rivale qui a su la contenir.
Déja, elle est l'horreur de tous les hommes
qui pensent, de tous ceux qui ont un cœur,
de presque tous les françois.

La ville de Saint-Malo, SIRE, qui s'est
distinguée par son dévouement à la chose
publique, nous a chargés d'offrir à VOTRE
MAJESTÉ, ses vaisseaux, ses marins et
l'élite de sa jeunesse. Déja un grand nombre
de volontaires se sont fait inscrire, pour aller
au secours de leurs frères du nouveau mon-
de; tous nos concitoyens, SIRE, voleront
au delà des mers, et partout où l'intérêt
de la patrie les appellera.

Les Colons de la partie du nord ont
tout perdu ; une partie de leurs nègres a
péri dans les combats; leurs manufactures
et tous les instrumens de leur culture sont
détruits ; c'est à la mère-patrie, dans ce
grand désastre, à fournir à ses enfans les
moyens de relever ces établissemens, si

nécessaires à la prospérité nationale, et de reproduire trente à quarante millions de revenus annuels, dont l'Etat ne peut supporter la perte immense. Ce bien fait de la nation, SIRE, en ressuscitant l'agriculture coloniale, en ranimant le commerce, les manufactures et lesarts, fera jouir VOTRE MAJESTÉ du spectacle d'un peuple enivré de patriotisme, de reconnoissance et d'amour. Le bonheur de VÓTRE MAJESTÉ mettra le comble à celui de tous les François.

RÉPONSE
DU ROI

AUX COMMISSAIRES

DE L'ASSEMBLÉE COLONIALE

DE

St. DOMINGUE

ET AUX DÉPUTÉS DE SAINT-MALO,

INTRODUITS EN MÊME TEMPS.

MESSIEURS,

JE suis infiniment touché de vos malheurs. Vous savez que je les ai partagés. J'ai employé tous les moyens qui étoient en mon pouvoir pour les faire cesser, et

j'espère que les troupes arriveront assez tôt
pour produire cet effet. Je compte aussi que
l'assemblée nationale adoptera les mesures
nouvelles que je lui proposerai; et je vois
avec beaucoup de satisfaction l'empresse-
ment que les places du commerce ont mis
à vous seconder.

www.ingramcontent.com/pod-product-compliance
Lightning Source LLC
Chambersburg PA
CBHW060721280326
41933CB00013B/2521